AF509529

TRAIN IMPÉRIAL

CHEMIN DE FER D'ORLÉANS

WAGONS

COMPOSANT

LE TRAIN IMPÉRIAL

OFFERT

A LL. MM. L'EMPEREUR ET L'IMPÉRATRICE

PAR LA COMPAGNIE DU CHEMIN DE FER D'ORLÉANS

CONSTRUCTION

EXÉCUTÉE SOUS LA DIRECTION ET DANS LES ATELIERS DE

M. C. POLONCEAU,

INGÉNIEUR EN CHEF DE LA TRACTION DU CHEMIN DE PARIS A ORLÉANS

DÉCORATION

EXÉCUTÉE SOUS LA DIRECTION ET D'APRÈS LES DESSINS DE

M. VIOLLET-LE-DUC,

ARCHITECTE

PARIS

BANCE, ÉDITEUR, 13, RUE BONAPARTE, EN FACE DE L'ÉCOLE DES BEAUX-ARTS

LIBRAIRIE SPÉCIALE D'OUVRAGES D'ARCHITECTURE

1857

TRAIN IMPÉRIAL

CHEMIN DE FER D'ORLÉANS

La Compagnie du Chemin de fer d'Orléans ayant décidé qu'un Train complet serait offert à LL. Majestés l'Empereur et l'Impératrice, M. C. Polonceau, ingénieur en chef de la Traction du Chemin de fer de Paris à Orléans, fut chargé de l'exécution de ce travail. Désirant que les wagons, uniquement destinés à LL. Majestés, fussent distribués, décorés et meublés d'une manière digne de l'objet, M. C. Polonceau s'adressa à M. Viollet-le-Duc pour l'exécution et la surveillance de tous les détails.

Il fut décidé que le Train se composerait de six wagons, ainsi disposés : 1° un wagon de bagages en tête ; 2° un wagon servant de salle à manger avec office, et de salon des Aides de camp ; 3° un wagon, dit *plate-forme*, à jour et couvert, servant d'antichambre et de promenoir ; 4° un wagon d'honneur, contenant une grande pièce et un petit salon ; 5° un wagon contenant une pièce pour les Dames d'honneur, une chambre à coucher pour LL. Majestés, deux cabinets de toilette, une garde-robe ; 6° un wagon de bagages en queue.

A l'extérieur, les quatre wagons principaux présentent un ensemble uniforme, sauf la plate-forme ; ils sont peints en grenat et bleu d'outre-mer, rehaussés de colonnettes, bandeaux et corniches en bronze doré ; les armes de l'Empire et les chiffres de l'Empereur décorent quelques-uns des panneaux. Le wagon d'honneur seul est surmonté d'une couronne impériale, supportée par des aigles en bronze doré ; des lanternes sont posées aux quatre angles à l'extérieur.

Le wagon des Aides de camp est décoré à l'intérieur par une tenture en cuir gauffré, peint et doré, avec meubles en chêne sculpté. Le plafond présente une suite de panneaux encadrés de moulures dorées; les chiffres de l'Empereur, entourés de feuillages de lierre peints au naturel sur fond blanc verdâtre, remplissent les champs. Le wagon plate-forme est couvert par un plafond simulant des entrelacs de roseaux, supporté par dix-huit colonnes en fer poli reliées par une balustrade en fonte de fer, composée de légers enroulements de feuillages en partie dorés. Des rideaux de tapisserie, attachés aux quatre colonnes d'angle, permettent aux promeneurs de se mettre à l'abri de la pluie ou du vent. Le wagon d'honneur est tendu en damas de soie vert clair; les meubles, en palissandre richement sculpté, sont tapissés de même; le plafond présente une suite de caissons en étoiles à moulures dorées, aux chiffres de l'Empereur, et dans les fonds des branches de rosiers; le tout sur fond blanc. La tenture du salon d'attente est en velours de laine gris.

Les panneaux tapissés du premier et du troisième wagon sont séparés par des colonnettes en cuivre doré supportant une frise en chêne sculpté, curieusement décorée de feuillages, de fruits, entremêlés d'animaux. La chambre à coucher de LL. Majestés est tendue en velours de soie grenat au dessous de la cimaise, et en velours bleu clair au dessus, avec portières de même étoffe doublées de gros de Naples blanc et frangées d'or. Un miroir entouré d'une bordure en bois sculpté surmonte le lit de Sa Majesté l'Impératrice. Des colonnettes en bronze doré supportent le plafond, qui se compose d'un grand caisson octogone avec lanterne au milieu, et de peintures représentant, sur des fonds blancs et bleus, des liserons et des roses d'églantiers à feuillages d'or. Le cabinet de toilette de Sa Majesté l'Impératrice est tendu d'une étoffe de soie à fond blanc semé de fleurs; le plafond est couvert d'arabesques d'or sur fond blanc et surmonté d'une lanterne en cristal. Le cabinet de toilette de Sa Majesté l'Empereur est tendu de damas vert sombre, avec plafond et portes en acajou. Les lits sont en ébène sculpté, couverts de courtepointes de velours. De riches tapis garnissent les parquets de tous les wagons, qui sont mis en communication les uns avec les autres au moyen de passerelles mobiles, munies de balustrades en fer poli et de descentes à droite et à gauche de la voie.

Des lampes, supportées par d'élégantes consoles en bronze ciselé et doré, éclairent toutes les pièces à l'intérieur.

Nos planches donnent la plupart de ces détails, traités avec le plus grand soin. Il était difficile de réunir dans un petit espace tous ces divers services, sans confusion, en laissant partout la circulation libre, et en présentant le confortable le plus complet. Mais ces planches ne peuvent donner qu'une faible idée de l'élégance et de la recherche de cet appartement roulant, où les Augustes voyageurs et les personnes qui les accompagnent trouvent toutes les commodités de la vie. Les difficultés étaient nombreuses, car ces wagons étant plus larges que les wagons ordinaires et débordant la voie, les roues devaient nécessairement être placées derrière les brancards; cependant le mouvement de ces voitures est doux, à peine s'aperçoit-on de la traction.

M. C. Polonceau est arrivé après bien des essais, et par sa persévérance couronnée d'un plein succès, à donner aux wagons du Train Impérial une solidité et une perfection d'exécution qui s'étendent jusqu'aux moindres détails, et dont on ne peut avoir l'idée qu'en examinant tout le système habilement calculé de la traction. Pour chacune des pièces il a fallu faire des modèles exprès : les roues, les essieux, les plaques de garde, les rampes, les barres d'écartement, les boîtes à graisse, les marche-pieds et leurs supports sont traités avec le soin que l'on apporte dans l'exécution des machines les plus parfaites. Toutes ces pièces, en fer poli, brillent au soleil et produisent, avec les lignes d'or des caisses, l'effet le plus saisissant. A l'extérieur cependant l'aspect du Train ne manque pas d'une certaine gravité. Les lignes sont simples, les couleurs sombres, et cet aspect fait d'autant mieux ressortir l'élégance des appartements éclatants de fraîches couleurs, de dorures, d'étoffes précieuses et de fines sculptures.

Le concours de l'habile ingénieur auquel était confiée la direction de l'entreprise et de l'artiste qu'il a choisi, leur parfaite entente, ont produit un résultat remarquable, en ce que l'on devine la fonction ou l'utilité de chacune des parties de ce palais roulant, que la décoration est intimement liée à la construction et ne fait que la parer sans jamais la masquer. Cet accord intime entre les nécessités impérieuses de la structure et le riche vêtement qui la recouvre n'a pu être obtenu que par une étude scrupuleuse des moindres détails, qu'à la suite de nombreux essais; on conçoit, en effet, que dans cet appartement mobile tout doit être soumis d'abord à la solidité, et à ce point de vue le Train Impérial du Chemin de fer d'Orléans ne laisse rien à désirer.

Nous ne devons pas omettre les noms des artistes qui ont aidé l'architecte, M. Viollet-le-Duc, dans la décoration du Train Impérial. M. Dennelle a exécuté toutes les peintures des plafonds, ainsi que les armoiries. La sculpture sur bois a été confiée à MM. Pyanet et Corbon, les bronzes à M. Bachelet, la tapisserie et les meubles à MM. Fraysse, Ternisien et Godin.

Il a fallu cinq mois d'un travail non interrompu et poussé avec activité, pour compléter le Train Impérial du Chemin de fer d'Orléans. LL. Majestés y sont montées la première fois en juin 1856, pour aller à Bayonne. MM. les Administrateurs accompagnaient LL. Majestés, et M. Polonceau dirigeait le Train.

LL. Majestés l'Empereur et l'Impératrice ont bien voulu témoigner à ces Messieurs toute leur satisfaction.

EXPLICATION DES PLANCHES

PLANCHE I. — *Ensemble du Train, dans l'ordre où les wagons sont placés, celui des Aides de camp en tête.*

PLANCHE II. — *Détail du siège placé dans le wagon d'honneur pour LL. Majestés et le fond de ce wagon, ainsi qu'un détail d'une des portes.*

PLANCHE III. — *Coupe transversale et partie de la coupe longitudinale du wagon d'honneur, une partie du plafond, et le détail des colonnettes accolées aux parois avec les consoles et entretoises sculptées qui portent le plafond.*

PLANCHE IV. — *Coupe longitudinale de la chambre à coucher de LL. Majestés, le plafond de cette chambre; les détails des entretoises et consoles sculptées qui le portent, ainsi que des lits en ébène.*

PLANCHE V. — *Coupe transversale du wagon plate-forme, une portion de la face longitudinale avec la passerelle, du plafond, et des détails des colonnettes et balustrades.*

PLANCHE VI. — *Détails des passerelles avec les descentes et balustrades en fer poli, des colonnettes en bronze doré et bandeaux qui séparent les panneaux des caisses à l'extérieur, des charnières et poignées des portières, des crémones fermant les portes.*

PLANCHE VII. — *Toilette en palissandre de Sa Majesté l'Impératrice et table de la salle à manger.*

PLANCHE VIII (chromo-lithographiée).—*Détail des peintures du plafond et du wagon d'honneur.*

PLANCHE IX (chromo-lithographiée). — *Détail du plafond du salon des Aides de camp (salle à manger).*

PLANCHE X (chromo-lithographiée). — *Quart du plafond de la chambre à coucher de LL. Majestés.*

PLANCHE XI (chromo-lithographiée). — *Quart du plafond du cabinet de toilette de Sa Majesté l'Impératrice.*

PLANCHE XII (chromo-lithographiée). — *Quart du plafond du salon des Dames d'honneur précédant la chambre à coucher.*

PLANCHE XIII (chromo-lithographiée). — *Panneaux des portes du salon d'honneur et de la chambre à coucher de LL. Majestés.*

PARIS.—IMPRIMÉ CHEZ BONAVENTURE ET DUCESSOIS, 55, QUAI DES AUGUSTINS.

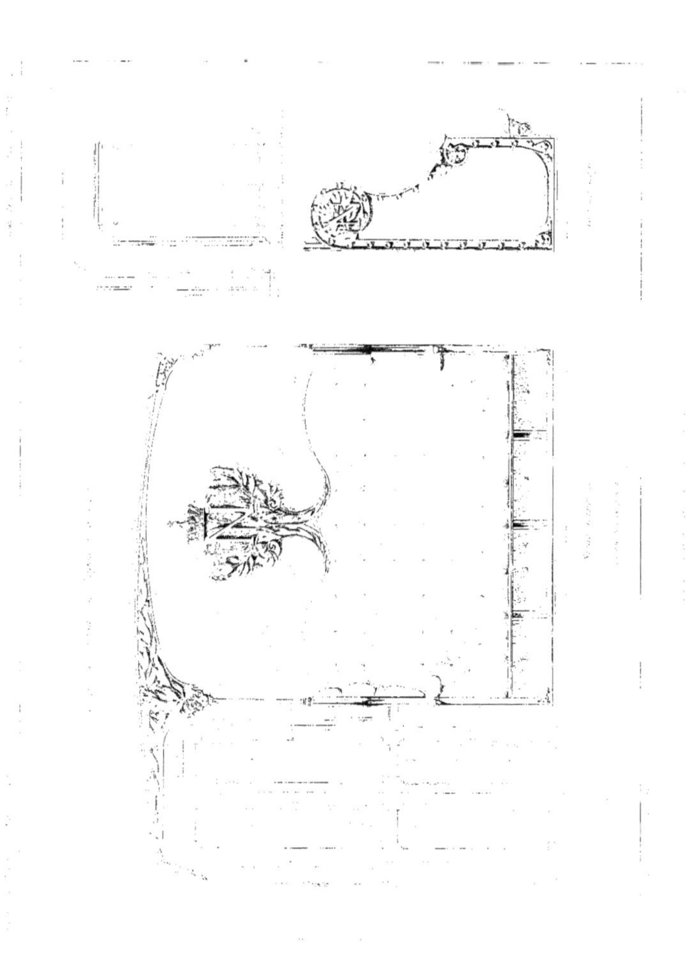

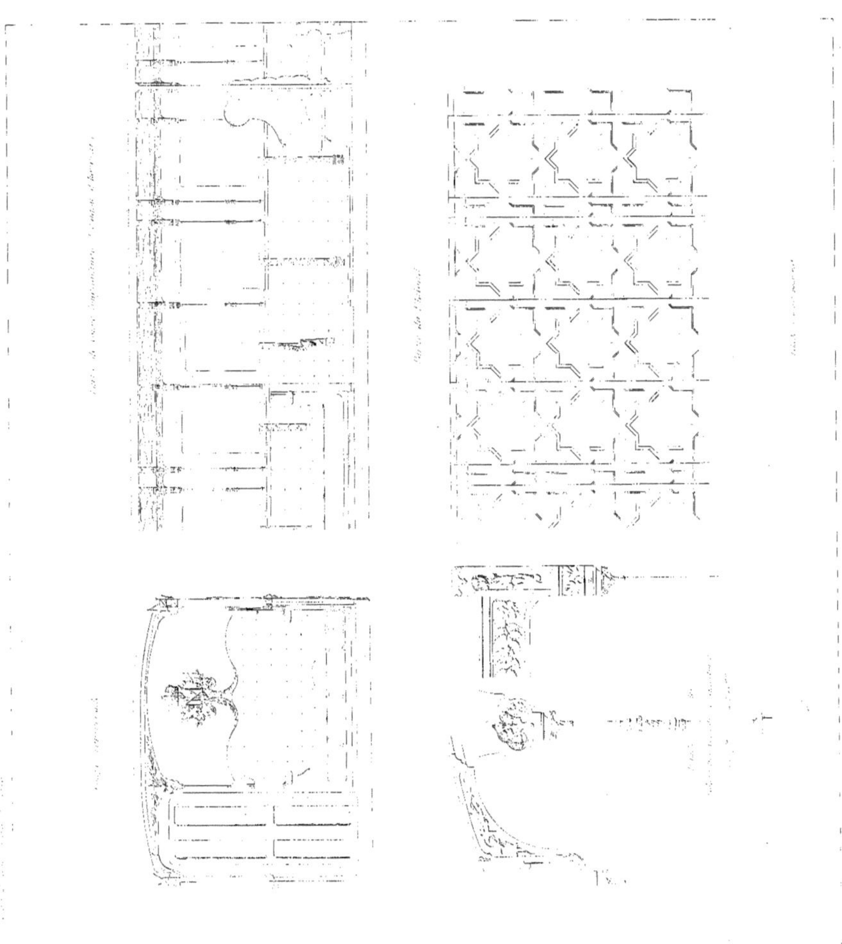

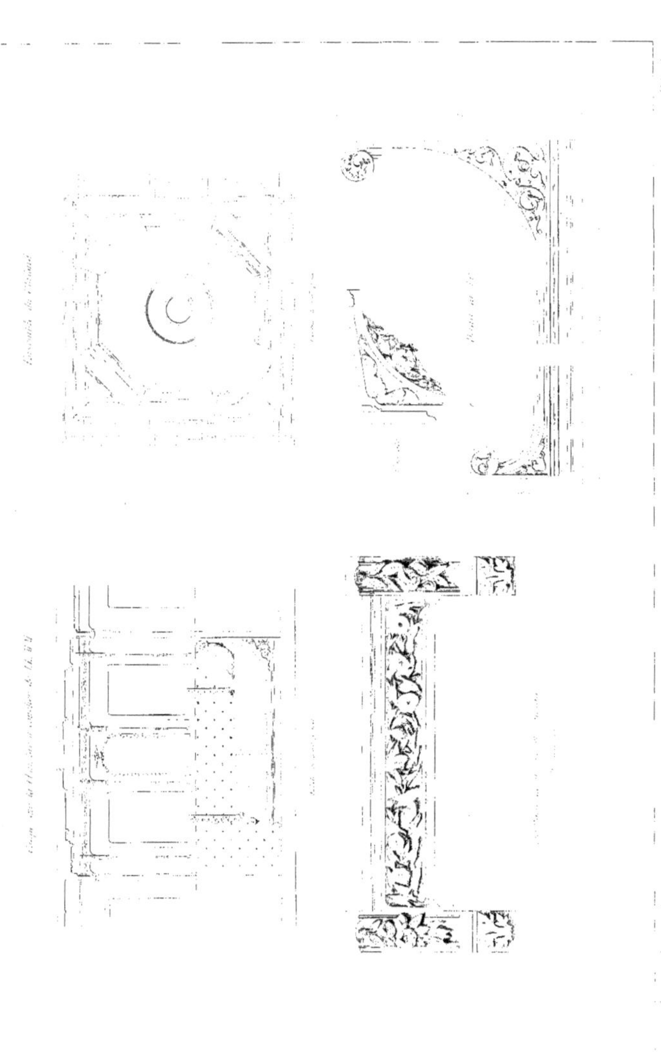

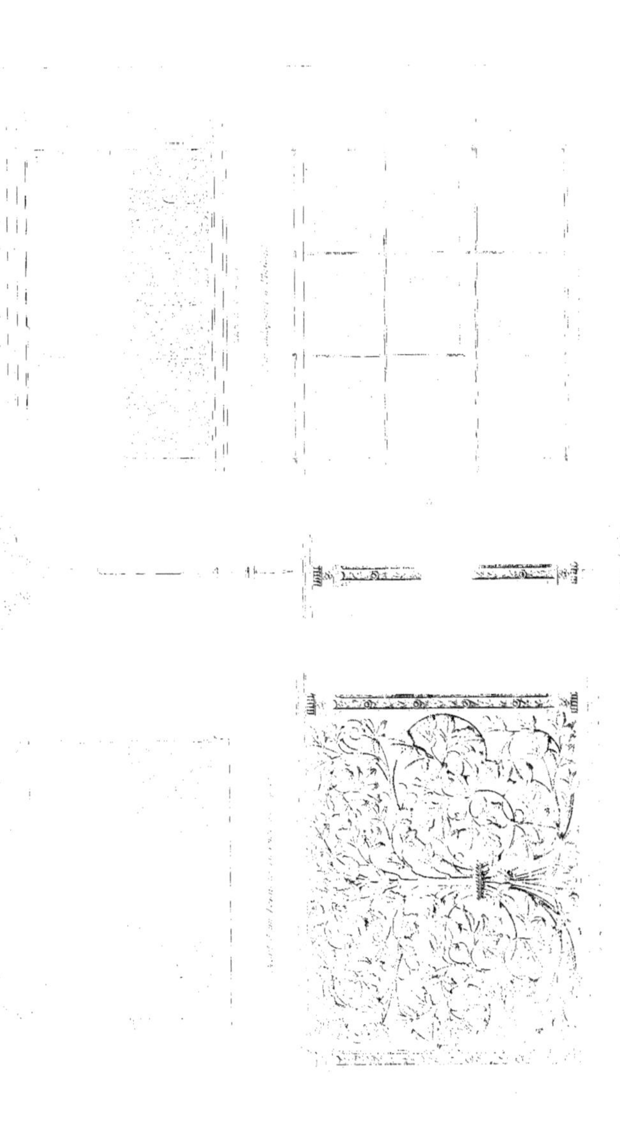

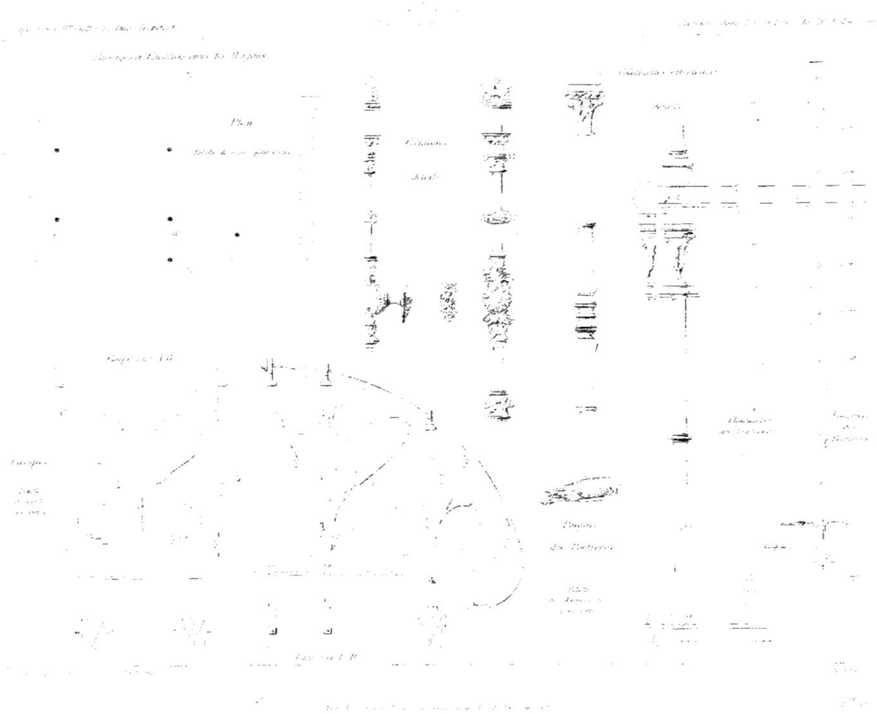

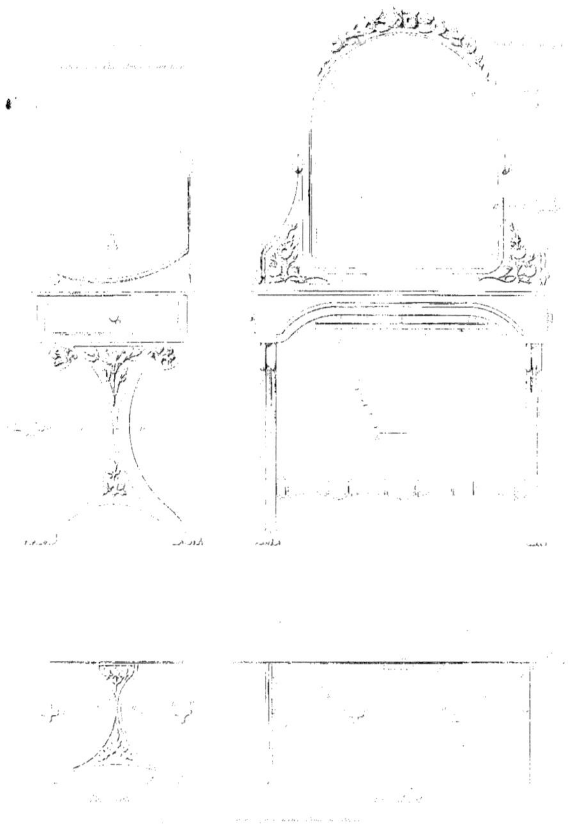

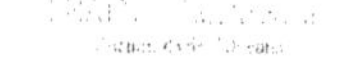

Plafond du Wagon de la salle à manger et du salon des aides de camp

Composé par Mr Viollet le Duc Architecte

Quart du plafond de la chambre à coucher de S.M. l'I.

Échelle de 0,05 p. m.

Peinture de M. Denuelle.

Ch. mechlin Lemercier Paris

L. Braun lith.

Quart du plafond du Cabinet de toilette de S. M. l'Impératrice.

Échelle de 0,06 p. met.

Chromolith. Lemercier, Paris.

Paris, Bance Édit. 13 rue Bonaparte.

Pl. II.

Détail du plafond du salon de S. ...

Échelle de 0.20 p. m.